STRUMENTI E STRATEG

IL TUO INSTAGRAM MAR~~KETING~~

1

Sommario

PREMESSA 3

INTRODUZIONE...5

    Cos'è Instagram 5

COSA E' IL SOCIAL MEDIA MARKETING...7

I PRIMI PASSI VERSO IL SOCIAL MEDIA MARKETING 9

    Crea il tuo profilo Social Business 9

LA SCELTA DEL NOME UTENTE 11

FOTO PROFILO STUDIATA 13

L' IMPORTANZA DELLA BIOGRAFIA..15

IMPOSTAZIONI APP 16

LE STRATEGIE 19

    LA LEAD GENERATION 19

    Come si genera il Lead? 19

PERSONAL BREANDING 21

CAMPAGNA DI MARKETING 23

I BRAND E LE STRATEGIE DI MARKETING...25

LE STORIES 26

SCELTA TIPOLOGIA POST 28

DESCRIZIOE E #HASHTAG MIRATI 31

INSGHTS...32

COME CREARE LA TUA STRATEGIA 34

DI INSTAGRAM MARKETING 34

    Creazione del tuo pubblico di target 34

I COMPETITOR SU INSTAGRAM 35

CONVERTI I TUOI FOLLOWERS IN CLIENTI 36

LA PUBBLICITA' SU INSTAGRAM 37

PERCHE' RICORRERE AL SOCIL MEDIA MARKETING 39

I CONSIGLI..40

QUANDO PUBBLICARE 42

CREAZIONE CAPTION 44

COME RISPONDERE ALLE DOMANDE 45

LE 8 REGOLE...46

CONCLUSIONE 48

3

PREMESSA

Cari lettori/lettrici,

Se avete sempre sognato di guadagnare rimanendo comodamente a casa, siete nel posto giusto. In questo e-book affronteremo l'argomento delle strategie di social media marketing su Instangram. I famosi anni 70 sono ormai lontani, la data 1969 ha rappresentato una era di cambiamento per tutta l'umanità, apportando migliorie nella vita quotidiana, introducendo internet. Dagli anni 70 in poi il mondo della tecnologia è in continua evoluzione, portandoci agli anni 90, data in cui nasce il primo telefono cellulare. Dagli anni 90 in poi la corsa verso la rivoluzione 4.0 ha portato alla realizzazione degli smartphone e alla creazione delle Apps inserite al suo interno. Anche il mondo del lavoro è cambiato. Una volta la manovalanza e l'artigianato erano i lavori principali su cui dedicarsi, la rivoluzione 4.0 ci ha dato l'opportunità di crearci una nuova tipologia di lavoro, un lavoro che non si tocca, un lavoro astratto. Abbiamo l'opportunità di poter gestire il nostro lavoro in modo autonomo senza la sottomissione da parte del datore di lavoro. L'autonomia lavorativa è avvenuta grazie alla presenza di nuovi applicativi presenti nella nostra era attuale. Lo **"Smart Working"**, ovvero lavoro da casa, ha eliminato tante barriere architettoniche per molte persone impossibilitate al lavoro manuale. Ecco perché Instangram è un'alternativa al lavoro manuale. Il social media marketing è un mondo che ti permetterà di poter guadagnare in modo semplice e veloce e senza alcun stress. Ovviamente anche questo mondo tecnologico e interattivo ha con sé molte insidie. Insidie che possono essere evitate se si lavora con testa e giudizio, lavorando in modo sano e costruttivo. In questo e-book parleremo delle strategie di marketing sul tuo Instangram. Vedremo insieme come creare un account Instangram, rendendolo produttivo e fruttifero. Grazie a un semplice post e ad una semplice foto postata, riuscirete a racimolare un piccolo gruzzoletto a fine mese, forse anche qualcosa in più. Passo dopo passo imparerete a gestire il vostro account business, ad elaborare strategie di marketing, individuando i momenti migliori su cui agire, creando e condividendo Una serie di materiale Fotografico e video. In questa guida capirete come semplice guadagnare divertendosi semplicemente da casa.

INTRODUZIONE
Cos'è Instagram

L'applicazione di Instagram viene lanciata da due sviluppatori Kevin Systrom e Mike krieger il 6 ottobre del 2010. Instagram è un social media Network molto simile a Twitter, Facebook o Google Plus. A differenza dei network citati Instagram si concentra sulle foto, viene classificato come un social network fotografico, dal semplice fatto che si possono pubblicare soltanto video e foto. Instagram e ormai presente da molto tempo anche se la sua influenza è scoppiata negli ultimi anni, dopo l'acquisizione dello stesso da parte di Mark Zuckerberg. Dopo questa fusione Instagram è il social network più utilizzato. Per utilizzarlo basta andare sul tuo Android Store o App Store in base al modello di smartphone, e scaricarlo semplicemente. Una volta scaricato basta aprirlo, create il vostro account inserendo i vostri dati personali e il gioco è fatto. Molti definiscono Instagram il fratello minore di Facebook i quali vivono nel regno degli hashtag. Instagram ha rivoluzionato il modo di condividere e vedere foto e video, attuando la rivoluzione della comunicazione. Instagram si differenza dagli altri social network perché è un'App visuale, non ti permette di condividere gli status, a meno che tu posti una foto o un video. Questa App è sicuramente ottima per gli appassionati di foto e selfie. Una volta che hai scaricato l'App puoi iniziare a condividere foto e video, puoi postare delle foto e video di massimo 60 secondi. Scrivere i "captions", sarebbe il testo del post. Puoi modificare foto, ritagliarle, applicare dei filtri e delle layout, puoi taggare i tuoi amici, aggiungere la geo localizzazione e condividere le tue foto su Facebook e altri social. Instagram oltre a darti la possibilità di pubblicare e condividere foto nei vari Social ti dà anche la possibilità di utilizzare le **"Stories"**. Sarebbero una sorta di foto, video, testi o frasi che puoi condividere con i tuoi Followers. Anche nelle Stories puoi inserire dei filtri e utilizzare delle GIF, inserendo maschere e l'effetto boomerang. Ma la cosa che caratterizza di più Instagram per la sua particolarità è l'inserimento degli hashtag, più sono e meglio è. L'hashtag non è altro che una etichetta o parola chiave che permette alla tua foto inserita di essere trovata più facilmente dagli utenti. Non limitatevi ad inserire gli hashtag soltanto nella vostra lingua, se inserirete hashtag anche in lingue diverse avrete una maggiore possibilità di visualizzazione più alta. I Followers sono una ossessione del popolo di Instagram, si crea una caccia ai follower, più follower hai maggiore sarà la visualizzazione dei tuoi post. Gli influencer si battono di continuo e si scannano per ottenere maggiori Followers, sono il loro Pane di vita. L'influencer è quella persona nel cui profilo ha migliaia e milioni di follower, utilizza degli hashtag mirati per accalappiare il più possibile Followers. Molti Brand si affidano agli influencer per tal motivo, gli influencer sono assetati di Followers. Da un po' di tempo su Instagram è anche possibile effettuare dello shopping online. In un certo senso possiamo dire che Instagram ha sorpassato il suo fratello maggiore Facebook, per mia opinione personale credo che questo sia successo dal fatto che Instagram permette di personalizzare in modo migliore, con una serie di filtri e layout disponibili, maggiori rispetto a Facebook, attirando di più il **"selfista"** sfegatato creando una catena di condivisioni, diventando una moda.

COSA E' IL SOCIAL MEDIA MARKETING

Il social media marketing o social network marketing rappresenta una serie di attività promozionali tra cui: acquisti on-line, traffico verso i siti. È una catena di relazioni, gestione delle risorse umane che oggi avviene tramite i social media. I social network e blog sono la fonte principale delle attività di social media marketing (Facebook, Twitter, Instagram, YouTube, Pinterest, Snapchat, linkedin, WhatsApp, telegram, blog). I social network ti permettono di rimanere connesso con persone e con Brand in modo diretto, ti permette di costruire una catena di relazioni nei diversi social network. L'obiettivo è utilizzare questi strumenti per ottenere un feedback immediato sui prodotti e sulla tua attività, cercando di creare nel utente una stimolazione ad avvicinarsi quanto più possibile a compiere determinate azioni (condividere, interagire, valutare ed acquistare). Dobbiamo ricordarci però che ogni social network ha un suo modo di comunicare con la presenza di Target diversi. Per questo è importante elaborare un piano editoriale almeno bisettimanale, il quale potrà essere consultato e migliorato con il cliente per comprendere i risultati, che si potranno ottenere mese per mese. Tutto quello che noi postiamo o inseriamo nei social network, ogni singolo gesto quotidiano inserito nei social crea un comportamento, uno stile di vita. Gran parte del marketing on-line è fatto da previsioni. Dobbiamo comprendere che ormai gran parte della popolazione utilizza il cellulare come strumento di acquisto. È importante prevedere le azioni degli utenti, comprendere i loro acquisti e inserirli in un contesto dove si sentono a proprio agio. Bisogna capire la performance dell'utente. Il social marketing ti dà la possibilità di aumentare la popolarità di un oggetto o del proprio Brand. Il punto chiave del marketing on-line è la *"condivisione"* e i *"mi piace"*. Il marketing dei social si differenzia dalla pubblicità dei mass media, in questo caso è la comunità che decide o meno se la società ha avuto successo, interagendo con essa e lasciando i commenti. Oltre a pianificare una buona strategia di marketing è importante saper utilizzare i motori di ricerca adeguati. La cosa importante è aggiornare sempre il contenuto del sito o del blog. Il Social media marketing è un lavoro a tempo pieno dove la precisione e l'attenzione al particolare può fare la differenza.

I PRIMI PASSI VERSO IL SOCIAL MEDIA MARKETING
Crea il tuo profilo Social Business

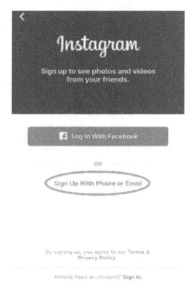

Prima di iniziare voglio ricordarti una cosa. Se sei veramente interessato a investire il tuo tempo nella piattaforma di Instagram per sviluppare e promuovere le tue attività commerciali, dei per prima cosa attirare l'attenzione dell'utente, devi svolgere un'attività quotidiana su Instagram inserendo i tuoi contenuti in modo da poter attrarre maggior pubblico e utenti, catturando la loro attenzione sulla tua attività di marketing. Devi essere pronto a coinvolgere con il tuo materiale l'audience degli utenti. Il primo passo da fare per entrare nel mondo del social media marketing Instagram è quello di creare il tuo account business. Cosa bisogna fare. Innanzitutto scarica l'App dal tuo Store, una volta scaricata verrà installata. Non appena avrai aperto la tua App ti accorgerai che avrai a disposizione un profilo base per utenti privati, a questo punto bisogna fare uno switch a business sennò non potrai usufruire degli strumenti per promuovere il tuo Brand. Bisogna andare su impostazioni e cliccare sull'opzione "*Passa a un profilo aziendale*". Per completare la procedura ti verrà chiesto di allacciare il tuo profilo Instagram aziendale con la tua pagina Fanpage di Facebook, se non ce l'hai createne una. È molto importante possedere una propria pagina Fanpage, in questo modo non unirai la tua pagina personale con l'account business di Instagram. Tutto questo servirà a gestire il tuo Brand ma soprattutto ad accedere alle tue campagne pubblicitarie. Ti do un consiglio: durante la registrazione Inserisci un'email aziendale dato che si tratta di un'attività puramente commerciale.

LA SCELTA DEL NOME UTENTE

Un altro passo importante è la scelta del nome utente. Sembra una banalità ma anche il nome utente deve fare riferimento al tipo di brand che si vuole sponsorizzare o mettere in commercio. I Followers devono essere in grado di poter riconoscere ed associare il tuo Brand in modo immediato. Se ciò non si verifica evidentemente il tuo lavoro non è andato a buon fine, e le basi sulla quale hai costruito la tua strategia di social media marketing non era adeguata. Ma non ti devi preoccupare, se utilizzi un nome non adeguato tale errore può essere recuperato, potrai correggerlo successivamente andando nelle impostazioni del tuo account. Scegli un nome utente che faccia capire subito di cosa ti occupi e cosa fai, in modo facile e originale, da poter rimanere impresso nella mente degli utenti. Ti faccio un piccolo esempio: se sei uno chef e vuoi inserire su Instagram le tue creazioni per pubblicizzare il tuo ristorante o la tua attività in tal modo da attirare nuovi clienti, lo username che dovrai usare per attirare nuovi Followers dovrà contenere il tuo nome, il nome della tua attività e dalla tua professione. In questo modo Instagram assocerà le tue foto al tuo nome e alla tua attività. Ecco alcuni esempi di nome utente da poter utilizzare: *nomecognome_chef; nomeristorante_città; nome_chef ecc.*

Ti consiglio di non utilizzare più di 10-15 caratteri per il tuo nome utente. Il nome di proporzioni kilometriche potrebbe risultare difficile da ricordare. Altro consiglio, se ti è possibile utilizza lo stesso nome che hai usato per gli altri tuoi profili social, in tal modo andrai a migliorare il tuo personal branding e otterrai una maggiore probabilità di accaparrarti altri Followers che già ti seguono su altri social. Altro consiglio importante, non aggiungere numeri al tuo nome utente. L'inserimento del numero potrebbe creare difficoltà nel trovare il tuo profilo Instagram.

FOTO PROFILO STUDIATA

Add Profile Picture

Add a profile photo so your friends know it's you.

Add a Photo

La foto del profilo Instagram è molto importante, devi pensare molto bene quale foto inserire per rendere il tuo account al top. L'immagine di profilo rappresenta il tuo biglietto da visita, la vetrina del tuo negozio, sarà la prima cosa con cui i tuoi follower verranno a contatto e l'impatto che ne trarranno da essa sarà fondamentale per il tuo marketing. Cerca di trovare una foto profilo che si distingue dalle altre. La foto profilo è la cosa che sicuramente i Followers ricorderanno maggiormente, dunque dovrai scegliere un marchio coerente alla tua immagine con elementi che rispecchino il prodotto, la tua attività da sponsorizzare o commercializzare. Gioca con la grafica con i colori e con le font. Non bisogna sottovalutare la scelta estetica e grafica perché anche quella determina l'opinione dei Followers, cercando di immedesimarsi con i tuoi valori. Scegli il logo del tuo Brand, inseriscilo come foto di profilo. Puoi utilizzare una foto che sia a stretto contatto con il marchio e che sia familiare ai Followers. L'immagine deve essere circolare. Altro consiglio importante, non cambiare di continuo la tua foto in base alle stagione, cerca di inserire un immagine di profilo che non tramonti mai e che possa resistere nel tempo. Se manterrai un profilo neutro potrai mantenere la foto più allungo possibile. Cambiare spesso foto potrà rendere difficile all'utente il ricordarsi del tuo profilo, i continui cambiamenti di foto potrebbero mettere in difficoltà. Se cambi la foto profilo in un social cambiala anche in tutte le altre mettendo la stessa immagine, in tal modo aiuterai gli utenti a riconoscere il tuo marchio. Un altro consiglio è quello di elaborare una fotografia profilo delle dimensioni di 110 X 110 pixel. Se manterrai le dimensioni della foto vicino a queste dimensioni otterrai una foto nitida, altrimenti Instagram ridurrà la tua foto ad un cerchio. Nella scelta della foto profilo è importante Inserire al suo interno oggetti che possono far capire all'utente di che genere di attività ti occupi. La foto che inserirai dovrà mostrare la tua personalità e il tuo marchio.

L' IMPORTANZA DELLA BIOGRAFIA

Un altro elemento da non sottovalutare e la biografia. Per la tua descrizione utilizza massimo 150 caratteri che possono riassumere la tua persona, *"chi sei e perché lo fai"*. Non limitarti soltanto alla descrizione dell'azienda ma Inserisci un po' di creatività al suo interno, metti emozioni e cerca di trasmetterle attraverso lo schermo. Sì ironico, inserisci tutto ciò che potrebbe attrarre nuovi follower invogliandoli a seguirti ancora. In realtà non esistono delle formule specifiche da seguire per la stesura della biografia, anche se inserisci parole chiavi o hashtag queste non potranno essere utilizzate come strumento di ricerca. Molto importante invece è inserire dei link che possano essere cliccabili. Approfittane per inserire il link del tuo sito, del tuo e-commerce o della tua pagina di vendita. Mantieni sempre aggiornato il tuo LINK in caso di cambiamenti. Se il tuo sito ha un nome troppo lungo ci sono molti software che sono in grado di creare degli *"shorten link"*, uno di questi è bitly.com. Quando scrivi la tua biografia ricordati di utilizzare sempre questi *"4 PUNTI"*: *chi sei; cosa fai; di dove sei; e dove ti possono contattare.*

17

IMPOSTAZIONI APP

Siamo arrivati a un punto importante a mio parere che riguarda le impostazioni di Instagram. Il saper gestire le impostazioni di questa App è l'ultimo passo verso la creazione della strategia vera e propria del social media marketing Instagram. Saper aggiornare le impostazioni del proprio profilo e del proprio account è un passo fondamentale verso il traguardo. Per poter cambiare le impostazioni bisogna cliccare su l'icona che si trova in alto a destra del tuo profilo. Attraverso le impostazioni potrai cambiare la password, gli Insights dei tuoi post e delle tue storie, inoltre potrai abilitare le tue notifiche ed altro. Ci sono però delle impostazioni che hanno la priorità su tutto. Le storie ad esempio sono quelle a cui Instagram da la sua principale importanza, di fatto nelle impostazioni potrai gestire chi può visionarle ed interagire con esse.

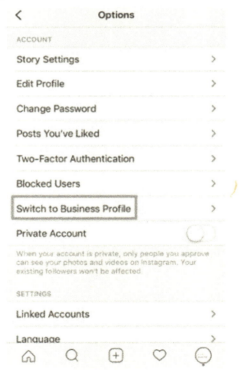

Per incrementare le visite nel tuo profilo suggerisci attraverso le storie di seguirti. Come abbiamo già visto prima è importante registrare il proprio account come profilo aziendale e non profilo privato. Grazie a questa modalità potrai accedere a tanti altri dati che non è possibile visualizzare nel profilo personale. Sono strumenti che Instagram mette a disposizione soltanto a coloro che hanno un profilo business, e per chi vuol fare social media marketing. In tal modo il profilo business consentirà agli utenti di poterti contattare. Come già detto è importante possedere una propria pagina Facebook dedicata completamente alla vendita o alla promozione del prodotto o della tua attività di marketing. Una volta creata la tua pagina aziendale su Facebook ti basterà unire l'account business alla tua pagina Facebook aziendale.

Ti basterà cliccare sull'icona a forma di ingranaggio in alto a destra, scorri verso il basso e troverai la voce **"passa al profilo aziendale"**. Per ottenere un miglior risultato ti consiglio sempre di collegare ad Instagram la tua pagina Facebook aziendale. Per la realizzazione di ciò, devi essere l'amministratore della tua pagina Facebook, soltanto così puoi collegare i due social. In automatico Instagram andrà ad importare tutte le informazioni dell'altro social media. Altra parte fondamentale sono i commenti. I commenti sono importantissimi per la vendita e la promozione di un prodotto o di un'attività, però ahimè può succedere che qualche utente possa lasciare un commento negativo, come fai a gestirlo? Tralasciando i commenti offensivi che puoi oscurare in automatico, come puoi gestire un utente incattivito e che cerca lo scontro? Esistono molti modi di comunicare per porre fine a questi commenti, bisogna rispondere In modo adeguato all'utente insoddisfatto senza creare alcun danno alla tua immagine. Di questo ne parleremo in modo approfondito nei prossimi paragrafi.

Una cosa che forse molti non sanno e che Instagram ti permette di poter aggiungere fino a 5 account. Per poter aggiungere gli altri account basta cliccare sull'immagine dell'ingranaggio, scorrere fino ad arrivare ad **"aggiungi account"**.

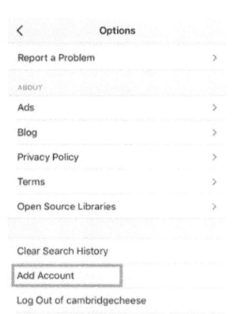

Basta inserire il nome utente e la password del tuo profilo. Per passare ad un altro account, ti basterà cliccare sulla foto del tuo account. Adesso il tuo profilo è pronto per essere utilizzato ed è il momento di postare i tuoi contenuti, creando la tua strategia di marketing. Di questo ne parleremo al capitolo successivo.

LE STRATEGIE

LA LEAD GENERATION

Cos'è il "*Lead Generation*". Per Lead Generation si intende un processo composto da operazioni di marketing utilizzate per creare una nuova rete di clienti. Tale processo permette di creare una nuova lista di contatti che possono essere interessati ai prodotti o ai servizi che vengono offerti. L'obiettivo della Lead Generation è quello di creare investimenti pubblicitari in tempi brevi, con la possibilità di raggiungere risultati notevoli nel tempo. La Lead Generation è l'insieme delle operazioni che possono agevolare l'azienda oppure l'utente per trovare nuovi clienti. I clienti futuri forniranno dei dati utili per aumentare le vendite dei prodotti, attraverso un marketing diretto. Il Lead Generation e fra le migliori strategie utilizzate in Italia, essa utilizza delle tecniche specifiche come l'email marketing, Il telemarketing e il social network. I contatti vengono estrapolati da specifici target, questi target comprendono gli utenti che hanno una maggiore propensione all'acquisto. Col tempo i target sono diventati i Lead, ovvero persone e aziende che lasciano i propri indirizzi email e i contatti per ricevere le offerte.

Come si genera il Lead?

Il Lead è generato dalla compilazione di appositi form di contatti, in questo modo è come se il Lead stia comunicando direttamente con l'azienda desiderata per poi essere ricontattato dalla stessa, per ricevere le offerte. Le aziende per riconoscere il Lead che si è creato dovranno monitorare e controllare i dati emessi dagli utenti. Questo meccanismo permette alle aziende di elaborare in percentuali gli utenti che acquisteranno i prodotti offerti. Come possiamo trovare i target specifici? Lì possiamo trovare attraverso l'utilizzo di motori di ricerca, voci, forum on-line e blog. Per creare il

Lead Generation bisogna utilizzare i motori di ricerca. I motori di ricerca vivono di pubblicità che viene pagata dagli inserzionisti e la stessa cosa accade per i social network i quali utilizzano delle campagne per raccogliere i contatti. Attraverso le campagne è possibile filtrare il target e accaparrarsi un pubblico specifico in base alla propria ricerca. Questo è possibile anche introducendo dei parametri specifici come l'età, sesso, gli interessi, la nazionalità ed altro. Il motore di ricerca più utilizzato è *"Google AdWords"*. La ricerca degli utenti attraverso questo motore di ricerca avviene tramite l'inserimento di semplici Key Word e altri dati. Con Google AdWords puoi creare la Lead Generation grazie alla *"Landing page"*. La Landing page è un generatore di risposte automatiche che ti permette di elaborare un annuncio efficace. Purtroppo creare una led Generation perfetta è molto complicato perché ci sono molti criteri SEO da rispettare e tecniche di copywriting da seguire.

PERSONAL BREANDING

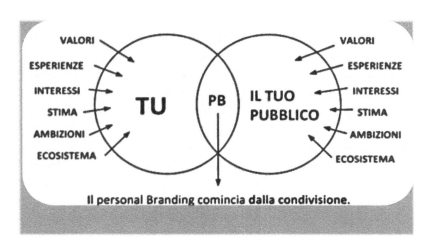

Il personal Branding comincia dalla condivisione.

Cos'è il personal branding?

Il "*personal branding*" fa riferimento a un insieme di strategie messe in atto per promuovere se stessi, le proprie competenze, esperienze e carriera. Il personal branding e il marketing applicato alla persona. L'obiettivo sarà quello di riuscire a inculcare nella mente dell'utente un'immagine di se stessi. È una sorta di pubblicità di noi. Come accade per le aziende e per i prodotti, bisogna posizionare in questo caso se stessi nella mente del consumatore. Per fare il personal branding Innanzitutto ci serve un Brand, bisogna stabilire degli obiettivi e traguardi da raggiungere, stabilire le proprie missioni e visioni assicurandosi che arrivano chiare al pubblico a cui ti stai rivolgendo. Bisogna inserire le conoscenze specifiche di un settore e la capacità di rimanere focalizzati sul proprio obiettivo. Molto importante però sono anche le relazioni e il buon utilizzo del network, bisogna assicurarsi che il tuo Brand personale sia consistente. Per essere consistente devi scegliere degli elementi, un'identità visiva, devi essere visibile, ovvero investire in un'attività di PR, bisogna avere una propria reputazione sia on-line che off-line e devi essere in grado di proteggerla e migliorarla. Se vuoi fare personal branding devi utilizzare sempre ottimi contenuti e avere una buona organizzazione. Se vuoi ottenere dei contenuti adeguati devi attuare una strategia di marketing per valutare con attenzione i tuoi target a cui fai riferimento. Non è importante la quantità ma la qualità di ciò che posti. Anche un solo post su Instagram semplice e motivazionale può essere efficace. Anche i video hanno un'importanza particolare i quali possono donarti uno spessore alla tua personalità oltre che un ritorno economico. Il personal branding è specifico per tutti coloro che vogliono intraprendere o fare un business on-line e ha bisogno di emergere. Per questo motivo bisogna puntare sulle Stories, narrare la propria storia come persona e come professionista. Se ci pensi prima di acquistare qualsiasi gadget o smartphone tutti effettuano delle ricerche on-line prima di acquistare l'oggetto, quindi è importante fornire delle valutazioni personali, devi renderti trovabile. Anche le Risorse Umane utilizzano i social, con il *"social recruiting"*, controllano i profili on-line e nei social network dei futuri candidati, ricerca del personale con specifiche caratteristiche ed esperienze che possono rendere il candidato migliore.

CAMPAGNA DI MARKETING

Oltre alle strategie, la campagna di marketing è la struttura fondamentale sulla quale si basa il tuo account. È l'unico modo per far crescere il tuo business in modo rapido a tal punto da acquisire nuovi Followers e clienti. Bisogna innanzitutto pianificare un'ottima strategia prima di iniziare la tua campagna di marketing, continua a nutrirla durante il processo e traccia sempre i tuoi risultati. Quello che ti serve è una buona tabella di marcia per poter pianificare e organizzare la tua strategia. Per poter creare la tua tabella di marcia fatti le seguenti domande: *"Qual è l'obiettivo della tua campagna; stai vendendo prodotti o servizi; se si quali stai vendendo; Quanto dura la tua campagna; Quanti post vuoi pubblicare; controlla se stai postando contenuti originali; come pensi di promuovere la tua campagna; vuoi fare l'influencer; se si quale; crea un hashtag per la campagna".* Con questa mappa riuscirai ad ingranare il tuo processo di social media marketing. A questo punto decidi quale campagna attuare, se è giusta per te, scegli L'obiettivo della campagna, imposta un limite di tempo della campagna, scegli il giusto tipo di campagna, promuovi la tua campagna e monitora i progressi della tua campagna. Su Instagram esistono diversi tipi di campagne con diverse forme e dimensioni: concorsi e omaggi, l'influencer e contenuti generati dagli utenti. Qualunque metodo tu abbia scelto ricordati sempre che non può mancare la qualità e il contenuto interattivo per spingere i Followers a metterti I **"like"**, condividere e commentare i tuoi post. I **concorsi con gli omaggi** sono adatti per ottenere più utenti per il lancio di un nuovo prodotto ed è uno dei metodi più efficaci per promuovere il tuo business. Di fatto esistono molti aziende che utilizzano proprio i concorsi durante i periodi di bassa stagione o periodi di attività lenta, i periodi morti. Molto importante, fai attenzione che il tuo contest sia idoneo alla normativa sui concorsi a premi sui social media. Gli **influencer** invece sono adatti ad un pubblico da sensibilizzare per la sponsorizzazione di un nuovo prodotto. **L'influencer marketing** rimuovere la pubblicità tradizionale, porta il tuo Brand ad un pubblico nuovo che non ti conosce, ed entra in contatto con il pubblico che si fida degli influencer, seguendo i loro consigli. Cosa molto importante durante i tuoi contest spiega chiaramente le regole per parteciparvi e stabilisci una data di scadenza per potervi partecipare. Più chiara sarà la campagna maggiore sarà il tuo successo. Trova l'#hashtag giusto e promuovi la tua campagna nel Stories.

Altro fattore importante bisogna scegliere una data di scadenza della tua campagna. Di solito si consiglia di utilizzare una data di scadenza molto breve diciamo una settimana al massimo, dipende dall'obiettivo della tua campagna. Non lasciare che la tua campagna vada per le lunghe, altrimenti rischierai di fargli perdere il suo coinvolgimento. Quando Scegli una campagna devi tener d'occhio alcune accortezze.

7- utilizza lo stesso budget sia per gli omaggi che per la gestione della campagna;

2- se vuoi prendere la strada della campagna di influencer marketing creati un elenco con i nomi degli influencer con cui vuoi lavorare e le loro richieste economiche;

3- se decidi di collaborare con un'altra azienda per la tua campagna trova un'attività che abbia un pubblico rilevante, e che non sia il concorrente del tuo business;

4- se vuoi promuovere una vendita, condividi i codici promozionali con i tuoi follower creando una pagina per gli utenti, dove poter inserire i propri contatti per ottenere un premio.

Una volta che hai deciso quale campagna di Instagram marketing utilizzare devi creare un #hashtag per la tua campagna, promuovi la tua campagna attraverso le Stories e sponsorizza i tuoi post. Una volta che hai creato il post, tutto quello che devi fare è premere sul pulsante promuovi dopo averlo postato. L'ultimo passo importante è monitorare la campagna. Controlla i click usando **"Google UTM"**, crea una Landing Page per raccogliere gli indirizzi email di potenziali clienti e misura il tasso di coinvolgimento della tua campagna. Adesso sei pronto per la tua campagna Instagram Marketing.

I BRAND E LE STRATEGIE DI MARKETING

Durante una ricerca elaborata, sono rimasta sorpresa nell'aver trovato tanti Marchi importanti che si affidano alla strategia di marketing interamente al social media marketing Instagram. **H&M, McDonald's, Epson** fino ad arrivare alle emittenti televisive come **MTV**. La loro strategia è quella di mostrare esclusivamente i prodotti attraverso le foto. **"MTV"** pubblica principalmente foto di celebrità durante i propri eventi, ricevendo più di 10.000 like e oltre 400 commenti. Nel settore della moda troviamo grandi marchi importanti tra cui Gucci. **"Gucci"** non fa altro che postare foto di borse, cinture, orologi, abiti, scarpe ed altro ancora. **"Burberry"** viene seguito da 517 mila follower con oltre 300 commenti. Burberry non ritrae soltanto le foto dei prodotti, inserisci al suo interno scorci di paesi e simboli che la distinguono dagli altri. La **"Nike"** tende a commentare le foto dei prodotti e le immagini che ritraggono sportivi con il loro slogan **"Just Do It"**. La foto più popolare ha ottenuto 23.700 like con oltre 500 commenti, una semplice foto di scarpe da basket indossate da Le Bron James. Anche la **"CNN"** attua la stessa strategia di marketing, attraverso l'utilizzo però degli #hashtag, ripubblicando le foto più significative. Da questo possiamo dedurre che sempre più aziende, si affidano al social media marketing, questo ci fa capire che ormai il mondo del marketing ha subito una totale metamorfosi.

LE STORIES

Ho deciso di dedicare un intero paragrafo alle Stories di Instagram, punto focale delle strategie di marketing Instangram. Le storie su Instagram non sono sempre state presenti, sono state introdotte dopo un ultimo aggiornamento, inseguito al successo di Snapchat. Le storie ti permettono di inserire dei contenuti totalmente interattivi e che hanno una durata di 24 ore. Ti danno la possibilità di metterle in evidenza sopra il fede, creando le tue raccolte personali. Le stories sono importanti perché permettono di poter mostrare agli utenti in tempo reale dei momenti particolari. Dai la possibilità ai follower di partecipare ad eventi e contenuti che li coinvolgono completamente. Possono essere utilizzate per le promozioni di prodotti della durata di 24 ore. Inoltre collegando il tuo profilo Instagram con il profilo Facebook hai la possibilità di poter far visualizzare le Stories di Instagram su quelle di Facebook, creando una doppia visibilità. Le storie di Instagram fanno parte del **"Visual Storytelling"**. Il Visual storytelling ormai è diventato fondamentale per attuare qualsiasi strategia a livello tecnologico e digitale. Tenete conto che un soggetto ha un attenzione pari a 8 secondi, per tal motivo le aziende devono creare delle strategie alternative che possano attrarre e tenere incollato l'utente alle loro campagne. Instagram è il social media prediletto per il Visual storytelling. Le storie non fanno altro che azionare quella che viene chiamata **"comunicazione persuasiva"** utilizzata sia in ambito economico, aziendale ma anche politico. Controllare il profilo Social per noi ormai è diventata una vera e propria abitudine quotidiana, abbiamo sempre voglia di leggere e vedere le storie, per questo motivo le aziende hanno deciso di intraprendere questa strada del media social marketing. Non esiste una vera e propria strategia di marketing perfetta o corretta, come ogni cosa deve essere testata e sperimentata, se va bene allora è la strada giusta. Se il vostro obiettivo è quello di promuovere la vostra attività di ristorazione o la vostra attività di pasticceria non ha senso pubblicare o postare contenuti relativi ai viaggi o altri post non collegati. Le storie devono avere un filo logico, un filo conduttore che collega la vostra campagna al vostro obiettivo. Dovete creare dei contenuti visivi di buona qualità e che siano in grado di interessare e coinvolgere l'utente, dovrete essere capaci di far sì che l'utente si soffermi alla lettura del vostro commento e le vostre didascalie. Siate creativi, create delle storie con la tecnica del **"Microblogging"**. Il microblogging non è altro che una forma di pubblicazione di piccoli contenuti attraverso messaggi brevi, immagini, video, audio, citazioni, appunti. Catturate l'attenzione del vostro utente.

SCELTA TIPOLOGIA POST

Una volta realizzato un profilo aziendale su Instagram bisogna iniziare a postare contenuti. Se volete attuare una strategia di marketing abbastanza efficace dovete postare tantissimi contenuti ma diversi tra loro: foto, video, storie ecc. Postare i contenuti è importante ma lo è anche la realizzazione di un calendario editoriale. Il **"calendario editoriale"** ti permetterà di pianificare tutti i tuoi post così da sapere quando pubblicare e cosa pubblicare. Crea degli appuntamenti fissi, in tal modo il tuo target di utenti saprà che tot giorno a tot ora posterai dei contenuti specifici. Devi creare dei contenuti che appassionano i tuoi follower a tal punto che vogliono far parte di esso. Coinvolgi i tuoi follower attirando la loro attenzione. Cerca di trovare un tuo stile, rendendo il tuo profilo accattivante e attrattivo. Creati un profilo curato e bello e vedrai che gli utenti si faranno una bella opinione di te e dei tuoi prodotti. Elenchiamo gli elementi che devono necessariamente essere presenti nel tuo profilo e che non devono essere mai tralasciati.

7-Le immagini. Le immagine sono le fondamenta della tua strategia. Se hai aperto un profilo aziendale, la tipologia di post che dovrai pubblicare saranno immagini che raffigurano i tuoi prodotti. Gli scatti dovranno avvenire all'interno dell'ambiente lavorativo, meglio ancora se con il personale presente. È importante ottenere questa tipologia di contenuti perché non sarai l'unico a vendere quel tipo di prodotto, la concorrenza è sempre presente anche sul mondo on-line, per questo motivo devi distinguerti dalla massa. Mira al personal branding e sii sempre creativo. Un'altra cosa strana ma importante; prima della realizzazione di un tuo post in particolar modo la pubblicazione dei video, sicuramente avrai provato più volte a creare questo tipo di contenuto, portandoti dietro una serie di **"backstage"**, i retroscena. La gente ama vedere i retroscena, quello che succede dietro le quinte, non gettarlo, postalo. In questo modo darai la possibilità agli utenti di vedere la vita quotidiana della tua azienda. L'autenticità è una componente fondamentale per il mondo virtuale dove tutto per la maggior parte è finto. Se la tua impresa è composta da più persone mi raccomando, posta anche la foto del tuo team, con dietro i prodotti e servizi che offri.

2- Post educativi. I follower oltre a seguire la tua pagina sono interessati ad imparare delle cose nuove, quindi ogni tanto pubblica anche dei post educativi. Se sei un pasticcere, magari pubblica un video dove mostri la ricetta del pan di spagna e il procedimento. Fissa un appuntamento settimanale prettamente dedicato alla formazione.

3-Video. Le foto, i tutorial, i post educativi sono importanti per il social media marketing su Instagram, ma anche i video hanno una importanza rilevante. Le foto mostrano l'essenza del prodotto. I video mostrano il lato nascosto delle emozioni. Instagram ti permette di poter caricare dei video della durata massima di 60 secondi. Puoi caricare i video dal computer, modificarli ed editarli con delle apposite App anche per cellulare. Ultimamente per la categoria dei video è uscita una novità su Instagram ossia i **"contenuti su igtv"**. Questa piattaforma creata da Instagram, ti permette di pubblicare dei video più lunghi di 60 secondi, possiamo considerare la piattaforma IGTV un'alternativa al canale di YouTube. Per i tuoi contenuti la piattaforma IG TV è la migliore.

5-Effetto Boomerang e Gif. Quando devi postare dei video divertenti puoi anche sfruttare l'effetto Boomerang e le gif già presenti su Instagram. Però questa strategia non per tutti i Brand è ottima. L'effetto Boomerang non è altro che un video composto da una serie di foto che vengono riprodotte in loop. La gif, funziona allo stesso modo, mostrando la stessa sequenza di fotogrammi all'infinito.

6-Hyperlapse. Hyperlapse è un'App che mi sento di consigliarti se hai dei video molto lunghi. Ti permetterà di creare dei contenuti brevi ma decisi. Puoi scaricare tranquillamente l'App dal tuo Store.

7-Instangram live. Su Instagram hai la possibilità di creare dei video live, condividere dei contenuti in tempo reale. Per utilizzare questa opzione ti basterà aprire la fotocamera all'interno dell'App, selezione **"in diretta"** e fai click sul pulsante **"Avvia video dal vivo"**. Non appena il video sarà partito i tuoi Followers riceveranno una notifica e gli spettatori potranno anche commentare il video. Utilizza questa opzione per mostrare ai tuoi utenti dei contenuti coinvolgenti.

Instagram ti dà la possibilità di poter utilizzare una miriade di opzioni per incrementare e aumentare la visibilità del tuo profilo accalappiando sempre più possibili follower.

DESCRIZIOE E #HASHTAG MIRATI

Quanti di voi non sono riusciti a leggere quei post chilometrici, magari riuscite a leggere solo le prime 10 righe e dopodiché decidete di abbandonare la lettura. Una cosa fondamentale e la creazione di post brevi ma incisivi. Se vuoi che i tuoi follower siano catturati dalle tue descrizioni devi limitarti a scrivere poche parole che però esprimono il concetto che vuoi mostrare in una foto. Conosci la **"Call to Action"**? È un'opzione che può essere inserita nelle Stories puoi fare una domanda da inserire sulla storia pubblicata. In tal senso la storia diventa interattiva e gli utenti possono rispondere sì o no in base alla domanda postata, possono rispondere anche proponendo o scrivendo attraverso la tastiera la propria risposta. In questo modo riuscirai a far compiere ai tuoi follower un'azione e aumenterai la tua visibilità.

Gli hashtag sono importanti ma non sempre devono essere mirati, non bisogna fare una ricerca di hashtag che possono essere specifici per il tuo settore. Se utilizzi gli hashtag più famosi pensando di poter accalappiare più follower sei sulla strada sbagliata. La scelta degli hashtag deve essere ponderata. Prediligi hashtag locali, in base all'evento a cui fai riferimento nella foto. Però, se vuoi comunque provarci e iniziare a capire come funziona il mondo degli hashtag di seguito andrò ad inserire gli hashtag vengono utilizzati nelle strategie di Instagram marketing.

#hashtag, #fromwhereistand, #tinyhorizon, #onthetable, #chasinglight, #thingsorganizedatly, #notfakesymmetry, #puddlegram, #theweekoninstangram, #boomeragoftheweek, #myinstangramlogo.

INSGHTS

Gli **"Insight Instagram"** ti permettono di poter visualizzare la statistica del tuo account Instagram. È uno strumento molto utile ed efficace se vuoi adattare ad esso una strategia di social media marketing. Ma come si usano questi Insight Instagram. Per prima cosa bisogna attivare la funzione degli Insight su Instagram per poter visualizzare i dati statistici del tuo account. Però ci sono dei passi che bisogna effettuare prima di utilizzarlo. Come abbiamo detto l'Insight ti permette di visualizzare i dati statistici, dunque abbiamo bisogno necessariamente di un profilo aziendale in quanto tale opzione funziona esclusivamente con questo tipo di account. Una volta collegato il tuo account Instagram con l'account Facebook sarà possibile attivare la funzione Insight. Per accedere a questa opzione bisogna cliccare sul simbolo dell'omino che si trova in basso a destra, così facendo entrerete nella schermata principale del vostro profilo, con un Tap sul simbolo del istogramma in alto a destra verranno mostrati i dati statistici attraverso tale strumento. Così facendo potrete visualizzare il numero dei like ricevuti, il numero totale della visualizzazione dei post, il numero totale degli account unici che hanno visto i vostri post, e il numero totale delle visite sul vostro profilo. Questi sono dei dati statistici principali ma ce ne sono molti altri che vi permettono di ottenere un quadro più preciso della vostra situazione in modo tale da poter studiare una strategia più adeguata. Analizzando questi dati sarà possibile capire quali post sono più apprezzati e quali meno, inoltre capirete quanti utenti al giorno incominciano una seguirvi e quanti decidono di non seguire più il vostro profilo, insieme ad altri piccoli dettagli che possono essere utili. I dati statistici dell'Insights devono essere utilizzati in modo intelligente, analizzando i risultati riuscirete a capire quali post attraggono di più i vostri utenti ottenendo migliori risultati.

COME CREARE LA TUA STRATEGIA
DI INSTAGRAM MARKETING
Creazione del tuo pubblico di target

La creazione di un pubblico personalizzato per l'account Instagram aziendale è di vitale importanza, costruirsi la propria cerchia di Target renderà il vostro profilo efficace. Sostanzialmente le opzioni che troviamo su Instagram sono molto simili a quelle di Facebook. Anche in questo caso abbiamo bisogno del profilo aziendale dal quale ricaverete il vostro pubblico interagendo con post, annunci e quant'altro. Nel tuo account aziendale ti verrà chiesto quale pubblico estrapolare è il tipo di interazione che vuoi tenere compresa la durata del pubblico che va da 1 a 365 giorni. Per aumentare le tue vendite è fondamentale individuare il tuo pubblico in modo da poter raggiungere il tuo obiettivo, ovvero maggior audience. Individuare il pubblico giusto ti aiuterà a far sì che gli utenti raggiungono il tuo profilo aziendale. Dobbiamo tenere conto ovviamente delle variabili età, sesso, reddito, professione, interessi e motivazione da parte degli utenti. Un'altra cosa che potrebbe aiutare il tuo profilo No ad ingranare è l'utilizzo di **"Instagram bot"**. Instagram Bot ti permetterà di creare una community su Instagram rientrando nelle strategie del social media marketing. Tale applicazione ti farà ottenere maggiori follower commentando in base al tipo di hashtag che sono stati inseriti all'interno della captions (didascalia).

I COMPETITOR SU INSTAGRAM

Una volta che sei riuscito a individuare il tuo pubblico vediamo un po' come muoverci spiando la concorrenza. In qualsiasi strategia di marketing è sempre necessario conoscere il mercato, ma soprattutto i concorrenti, sia diretti che indiretti. È proprio questo che accade su Instagram. Così facendo possiamo studiare gli hashtag di settore, i post con più influencer, le migliori didascalie E tutto quello che gli utenti trovano molto più interessante. Per spiare i vostri competitor non dovete far altro che andare sulla barretta della ricerca su Instagram e digitate le parole che si avvicinano di più al vostro settore. Se ad esempio siete un foodblogger inserite nella ricerca proprio foodblogger. Vi appariranno una sfilza di profili. Seleziona accuratamente qualche profilo Tenendo in considerazione la tua situazione. Se hai 5.000 Followers non andrai a spiare gli influencer con 80 mila Followers, cerca profili più simili al tuo. Una volta selezionati inizia a studiare il loro modo di comunicare rispondendoti a queste domande: **cosa pubblicano? Come scrivono le loro descrizioni agli scatti? Quali #hashtag usano? Quali filtri usano? Quanti mi piace ricevono sui post? Ogni quanto pubblicano?** Spiare il nemico è segno di furbizia.

39

CONVERTI I TUOI FOLLOWERS IN CLIENTI

Lo scopo principale del tuo profilo Instagram business è proprio quello di convertire i tuoi Followers in clienti. Esistono molti mezzi per attuare questa conversione tra cui le promozioni. Inserisci offerte sconti sul tuo profilo per incrementare le tue vendite e accaparrarti una maggiore porzione di utenti. Attua dei concorsi con estrazioni e viaggi premio. Ma come puoi aumentare l'afflusso dei tuoi follower. Esistono diversi trucchi e strategie per aumentarli. Prima di tutto posta delle foto originali, utili, che attirano molto l'attenzione. È una tecnica fondamentale per avere successo su Instagram però ricordati che l'obiettivo non è solo quello di ottenere più utenti possibili, ma di far sì che questi continuano a seguirti altrimenti il tuo lavoro non sarà stato inutile. Cercate sempre di postare dei contenuti di qualità, che possano realmente interessare i vostri follower, postate foto, video e post interessanti. Un altro segreto è quello di mettere like e commenti. Così facendo avrai una maggiore probabilità che questi contraccambiano con un like o addirittura seguendoti. Com'è ho detto in precedenza non soffermatevi soltanto alla scrittura nella vostra madrelingua ma utilizzate anche la scrittura in inglese. Questa tecnica farà aumentare i vostri seguaci. L'uso degli hashtag popolari e ben gradito però mi raccomando non inserite #hashtag che siano totalmente estranei al vostro profilo ci deve sempre essere un filo conduttore. Ha mai incontrato l'hashtag **"#first post? Il primo post"**. Le persone appena iscritte sono più propense a ricambiare, Inoltre se utilizzi anche tu questo hashtag potresti ricevere dei like o addirittura potresti ottenere nuovi follower. Su internet esistono molte App per smartphone che ti permettono di aumentare la tua popolarità su Instagram, la più famosa è **"follow free"** e **"1000 follower"**. Queste Apps permettono di accumulare crediti seguendo le persone oppure mettendo like alle loro foto. Una volta che hai accumulato abbastanza credito puoi acquistare I like e i follower. Questo metodo ti permette di ottenere dei follower Instagram gratis.

Il bello sta proprio nell'ottenere i follower senza sotto e fuggi ma se lo fate per lavoro e necessitate di ottenere maggiori follower allora usate pure le Apps.

LA PUBBLICITA' SU INSTAGRAM

Precedentemente abbiamo parlato delle campagne che si possono attuare nel profilo business di Instagram. Le campagne sono importanti per attuare un'ottima strategia di social media marketing, ma esistono anche altri mezzi per dare maggiore popolarità al prodotto o il servizio che si sta commercializzando. Sicuramente il primo passo è quello di sponsorizzare bene il tuo materiale creando un annuncio pubblicitario. Attraverso **"business manager"** potrai impostare le tue campagne su Instagram. Procediamo in questo modo. Andiamo a selezionare il post che desideri condividere su Instagram o ne crei uno nuovo con **"Ad manager"** di Facebook. Dovrai richiedere l'account Instagram, dunque ai su **"business manager settings"** che si trova nella parte sinistra della pagina, clicca su "account Instagram" e poi su" richiedi account Instagram". Fai quello che ti viene chiesto e poi clicca sul tasto avanti. A questo punto stabilisci un obiettivo e dai un nome alla tua campagna pubblicitaria. Instagram ti dà la possibilità di scegliere fra alcune offerte preimpostate: reputazione del Brand, traffico, installazione di App, visualizzazioni video.

Una volta che hai selezionato il tuo obiettivo assegna un nome agli annunci pubblicitari. A questo punto bisogna impostare il contenuto dell'annuncio e condividere il post. Instagram ti permetterà di creare annunci utilizzando semplicemente una sola immagine, un video o un annuncio che verrà sponsorizzato nelle storie. La quantità di soldi da investire nelle campagne pubblicitarie dipende proprio dall'obiettivo che vuoi raggiungere, ma la cosa importante è monitorare sempre e ottimizzare gli annunci per massimizzare i profitti.

PERCHE' RICORRERE AL SOCIL MEDIA MARKETING

Il social media marketing su Instagram e forse uno dei più semplici da attuare come metodo di guadagno. Instagram è una piattaforma molto semplice da usare dove scambiare foto e video, riesce a coinvolgere molteplici aziende Aumentando il loro profitto. L'accesso alla piattaforma è gratuito ed ottiene risultati anche senza investire somme esorbitanti. La particolarità di Instagram e che si focalizza su dei contenuti visivi e audio trasportabili tramite gli hashtag. Rispetto ad altri competitor come Facebook e Twitter Dov'è il contenuto visivo ha maggiori possibilità di successo però su Instagram è tutto totalmente Visual. Inoltre a un tasso di intrattenimento maggiore rispetto ai suoi rivali.

I CONSIGLI
Come rispondere ai commenti positivi e negativi su Instagram

I commenti che ricevi sul tuo profilo sono molto importanti, ogni commento positivo darà una buona impressione agli altri utenti. È importante scrivere i sottotitoli che spingono il pubblico a rispondere ai tuoi post, come è importante leggere sempre i commenti e rispondere ai commenti in modo che la conversazione diventi continua. Le risposte ai commenti dovranno creare un impatto positivo al tuo Brand. Se interagisci con gli utenti andrai a creare un senso di connessione, invogliando la gente a seguire il tuo account. Purtroppo i commenti che ricevi sul tuo profilo non sono sempre positivi e possono contenere commenti negativi, in questo caso come devi rispondere? una soluzione sarebbe quella di ignorare completamente i commenti offensivi abilitando la funzione nascondi commenti offensivi. Ogni volta che troverai un commento offensivo potrai segnalarlo come spam o contenuto offensivo, impedendo agli utenti di commentare i tuoi post in futuro. Se qualcuno invece ti menziona su una foto o un video può eliminare semplicemente il tag toccando la foto o il video e poi il nome del tuo account, vai su altre opzioni, scorri e troverai la scritta **"cancellami dal post"** o **"Elimina tag"**. Oltre agli spam esistono però i commenti positivi ai quali puoi rispondere con una Emoji o con un semplice "Grazie"!

Sicuramente prima o poi riceverai dei feedback positivi da parte dei tuoi follower e questo sarà un grande traguardo raggiunto. Di solito basta toccare l'icona del cuore, sostituisce il like di Facebook. Se qualcuno lascia un commento positivo sul prodotto che stai commercializzando, mi raccomando è buona educazione rispondere sempre con gratitudine e condividi il feedback positivo con il tuo staff e con i clienti che ti hanno menzionato nella recensione. Ecco però arrivare una pecora nera, il commento negativo e le critiche negative non costruttive. Ci sono dei clienti che a volte rimangono insoddisfatti e continuano a seguirti commentando le tue pubblicazioni con parolacce, invece di esprimere la loro problematica. Quando questo accade non rispondere ma segnala il loro commento come contenuto offensivo, devi mantenere sempre un'ottima immagine per il tuo marchio. Per quanto riguarda i reclami e commenti negativi è importante rispondere sempre in modo professionale, cercando di rispondere in modo adeguato alla preoccupazione del cliente. Non dimenticare che non tutti i commenti sono veri e che alcuni utenti magari gestiti dalla concorrenza, possono commentare negativamente pur non avendo acquistato il tuo prodotto. Ci sono alcuni casi che sarebbe meglio gestire in modo privato e non pubblico, chiedendo all'utente di gestire la situazione in modo riservato anche se il cliente ha sempre ragione.

QUANDO PUBBLICARE

Esistono dei momenti precisi in cui è possibile ottenere un maggior afflusso di like sui tuoi post inseriti tra le 15 e le 16. Anche se gli orari migliori sono le 2 del mattino, e tra le 8 del mattino e le 9 e alle 17. Gli orari possono variare a seconda del tipo di Target che stai sviluppando. Sperimenta e analizza gli orari in modo da creare una corretta strategia di Instagram marketing. Molte persone consigliano di pubblicare le foto e i video tra la fascia oraria che va dalle 7 alle 9 di sera. Ma la domanda che vi dovete porre è qual è l'ora migliore per pubblicare i miei post su Instagram tenendo conto degli utenti che mi seguono, i miei Followers. Tieni presente che ogni profilo ha follower diversi, magari sono utenti che provengono da un'altra nazione e quindi hanno fusi orari diversi e abitudini diverse. Conosci **"l'algoritmo di Instagram"**? non so se hai mai notato che Instagram mostra i contenuti dei vostri follower in ordine cronologico. Adesso questa funzionalità è molto simile a quella di Facebook, dà la priorità ai post con una percentuale maggiore di intrattenimento. Più sono i mi piace, i commenti e le visualizzazioni maggiore sarà la possibilità di ottenere un miglior afflusso di utenti. Se riesci a coinvolgere gran parte degli utenti attraverso i tuoi post in poco tempo dalla pubblicazione di essi, Instagram li cataloga come post di qualità, mostrandoli a più utenti. In realtà non esistono, come abbiamo capito, degli orari perfetti, ma esistono delle fasce orarie, le quali dipendono dai tuoi follower. Dunque come facciamo a capire qual è l'orario migliore per pubblicare i tuoi post su Instagram. Il primo fattore da considerare è il **"fuso orario"**. Se ad esempio posti una foto alle 9 di sera, per molti follower potrebbero essere le 4 di mattina ottenendo un risultato negativo. Bisogna analizzare i tuoi follower e scoprire qual è il loro fuso orario. Per utilizzare questo strumento di analisi, dovrai seguire questi passaggi: **Apri Instagram, Vai nella pagina del tuo profilo, Clicca sull'icona delle statistiche in alto a destra, scorri alla sezione follower in fondo e clicca sulla voce altro, per visualizzare i dettagli**. Ti apparirà una schermata dove potrai visualizzare le tue statistiche in base al sesso, all'età, e a luogo. Per capire il fuso orario basati sui luoghi. Puoi utilizzare un filtro per città e per paese così potrai capire se i tuoi follower provengono dall'Italia o vengono da città specifiche. Seguendo il grafico degli orari potrai capire qual è il momento migliore per pubblicare i tuoi post. Dopo aver analizzato i tuoi follower e aver capito quali orari sono migliori per la tua attività sei pronto a pubblicare. Vorrei darti qualche consiglio sugli orari. Evita di pubblicare i tuoi post durante l'orario di ufficio, pubblica dalle 12 alle 14 e dopo le 18. Cerca di pubblicare i tuoi post migliori durante i giorni feriali escludendo il weekend anche se in questo caso dipende molto dalle abitudini dei tuoi Followers.

CREAZIONE CAPTION

La creazione della Caption o descrizione, non è da sottovalutare, è una fase molto importante della pubblicazione del post. La descrizione è molto importante in un contenuto multimediale. Devi convertire la tua foto in un commento, in una descrizione, in una captions. Per creare un'ottima didascalia bisogna seguire alcune direttive. Utilizzate uno stile particolare e non banale, assegnate più titoli alle vostre foto e mettetele in evidenzia. Mettete il testo in evidenzia tra parentesi quadrate o tra due asterischi. Create una forma, una dialettica, una grammatica, anche se utilizzate l'inglese come lingua. Non create delle descrizioni a forma di poema, Instagram è un applicativo istantaneo di immagini e chi vi entra non si sofferma a leggere poemi ma è interessato alle foto e alle didascalie e dai commenti. L'utente potrebbe essere scoraggiato dal dover leggere un commento chilometrico. Le captions non devono superare le 6/7 righe. Non aggiungete decine di hashtag nella Caption o farete molta confusione e scoraggerete i vostri follower, i quali eviteranno di leggere Informazioni però importanti. Utilizzate la mobile photography, raccontate Con quale smartphone e con quali accessori Avete realizzato i vostri scatti. Create delle Caption creative, magari prendete spunto dai testi di canzoni ed aforismi di autori oppure da storie di vita quotidiana. Idee semplici che non passano inosservate. Non siate frettolosi nel creare le captions, vi consiglio di preparare i vostri contenuti la sera, prima risparmiando così tempo senza andare di corsa. Attraverso la scrittura i follower riusciranno a capire il vostro tono di voce, elemento importante di comunicazione. Usate gli aggettivi per rispecchiare la vostra conversazione, costruite il vostro modo di comunicare. Non usate un tono troppo formale, scioglietevi, abbattete la barriera della formalità. Siate liberi. Parola poco pensata porta pentimento.

COME RISPONDERE ALLE DOMANDE

Molte volte ti sarà capitato di ricevere sotto i tuoi post alcune domande, e nella tua mente vaga il pensiero... Come gli rispondo? Come posso rispondere alla domanda in modo perfetto. Gli utenti possono chiederti informazioni sui prodotti, sui servizi o le promozioni del tuo profilo. Devi dare loro una risposta rapida in ogni momento. Potrebbero voler acquistare il tuo prodotto e non bisogna perdere tempo. Gli utenti sono molto frettolosi ed esigenti, meglio rispondere subito. Se non ti senti preparato anticipa le tue mosse. Se vuoi rispondere in modo adeguato alle domande in modo semplice e rapido quello che devi fare e preparare le risposte alle domande generali sulle tue offerte e le informazioni sulla tua attività. Ad esempio: quando sei aperto, quante ore al giorno lavori, se lavori nei giorni festivi, dove si trova la tua attività, se i tuoi prodotti sono facilmente reperibili. Una volta pronte le risposte ti basterà fare un semplice copia-incolla, rispondendo a gran parte delle domande in poco tempo. Se la domanda però richiede una risposta lunga dovrai rispondere al commento con un ringraziamento, inviando un messaggio diretto nel profilo dell'utente. È molto importante pubblicare post in modo regolare sul tuo profilo, in modo da poterti assicurare la maggioranza dei follower. Controlla sempre i tuoi post e i tuoi commenti e rispondi il prima possibile. Se le tue risposte saranno rapide la tua persona ne trarrà giovamento creando una buona opinione su di te.

LE 8 REGOLE

Siamo giunti ormai al termine di questa piccola guida sul social media marketing in Instagram. Voglio lasciarvi come ultimo argomento le 8 regole che a mio parere sono importanti da seguire se volete imbarcarvi lungo il percorso di Instagram business. Come ogni lavoro anche il lavoro di social media marketing ha delle regole da seguire e che se ben capite riuscirete a realizzare il vostro metodo strategico andando per il giusto verso.

1° regola: La tua presentazione deve essere impeccabile, la biografia e tutte le informazioni relative alla tua attività. Utilizza il tono di voce in base al tuo Brand. Inserisci le diciture, i contatti, visita il nostro sito, guarda la nostra collezione e non dimenticare di inserire l'url del tuo indirizzo web.

2 °regola: Costruisci l'identità del tuo Brand, rispetta i valori aziendali e fai capire ai tuoi follower quale messaggio vuoi trasmettere loro con la tua azienda. Quando posti le foto cerca di utilizzare una gradazione dei colori e delle font con stile personalizzato e non dimenticare i filtri. Se utilizzi una personalizzazione del tuo profilo stai certo che gli utenti si ricorderanno del tuo Brand, in modo facile.

3° Regola: trova il tuo target. Una volta deciso cosa vuoi proporre trova i tuoi follower. Attraverso l'Insight Individua i tuoi follower e la fascia oraria insieme ai giorni migliori per aumentare le tue visualizzazioni, connettendo il tuo pubblico ad Instagram e visualizzando i tuoi post. Ricorda l'utilizzo di Instagram ADS. Sarà possibile scegliere un pubblico specifico, utilizza la geo localizzazione e il remarketing in modo da mostrare i tuoi post a gli utenti che hanno già interagito con il tuo.

4° regola: Elabora la tua strategia di marketing. Prepara sempre in anticipo il materiale che dovrai condividere costruendo un calendario editoriale. Crea degli schemi per capire cosa puoi postare e quando farlo, così riuscirai sempre a colmare i vuoti con i tuoi contenuti per dare un senso di continuità sul tuo Instagram. Ricorda sempre che i post devono avere finalità commerciali e non personali. Racconta la storia del tuo prodotto con un linguaggio semplice e non formale. Fai intendere ai tuoi follower che dietro la tua azienda c'è ben altro, va oltre le cose.

5° regola: Individua gli #hashtag appropriati. Non inserire milioni di hashtag per accalappiare più persone. Devi raggiungere la tua nicchia di utenti. Utilizza #hashtag in base al tuo settore, avvicinando Il pubblico che ti interessa.

6°regola: Se aspetti che gli instagrammer si interessino al tuo Brand, allora sei proprio fuori strada. Segui le persone, metti i like e commenta. Interagisci con gli utenti, diventa un po' influencer. A tal proposito Instagram ha approvato una funzionalità per i profili aziendali che si chiama **"approvazione dei contenuti brandizzati"**. Questo meccanismo permette alle aziende di poter visionare i contenuti dei propri influencer prima di essere pubblicati. Se non hai la possibilità di ingaggiare un influencer rivolgiti ai tuoi follower e lancia dei contest. Permetti loro di postare foto con i tuoi prodotti, taggando il tuo Brand. Ovviamente premia i tuoi utenti con dei regali interattivi.

7°regola: Cerca di essere sempre coerente, creativo e continuativo. La coerenza non significa postare sempre le stesse cose, Instagram ti dà la possibilità di creare contenuti originali, quello che ti serve è molta creatività e tanta voglia di distinguerti. Crea delle call-to-action e dei link alla Landing page. Ma la cosa più importante è la continuità, il marketing sui social è un vero e proprio lavoro e deve essere continuativo come deve essere continuativa la pubblicazione dei tuoi contenuti, fidelizzando i tuoi Followers.

8°regola: Monitoraggio del pubblico e correzione strategia. Il monitoraggio è la fase più importante della strategia di marketing. Tenendo a bada i tuoi dati riuscirai a capire se tutti i tuoi sforzi sono stati utili o sono andati invano. Nella sezione insighting trovi tutto quello che ti serve per capire se la tua strategia sta funzionando. In caso contrario agisci con un piano d'azione, apportando modifiche e correzioni.

CONCLUSIONE

Siamo giunti al termine del nostro e-book. Insieme abbiamo visto come creare la strategia di marketing su Instagram utilizzando tutte le funzioni che il social mette a disposizione in particolar modo alle aziende. L'utilizzo di una comunicazione informale, coerente e semplice crea le basi come punto di partenza verso il Social media marketing Instagram. Attraverso la pubblicazione di stories, #hashtag e la realizzazione di video in IGTV. Abbiamo visto come una corretta biografia possa accalappiare maggior audience, attraendo più Followers fidelizzandoli al proprio profilo. Anche le fasce orarie non sono da sottovalutare. La strategia efficace per Instagram non è formata solo dalla costanza, creatività e capacità di comunicare ma da una serie di tattiche, come il calendario editoriale e i relativi test da utilizzare per capire quale tattica adottare. Il successo della vostra strategia sta in ogni singola azione che viene compiuta accompagnata da tanta costanza e parsimonia. La rivoluzione 4.0 ci ha portati in questo mondo parallelo dove ormai quasi tutto è possibile. Oggi trovare lavoro è diventata una sorta di crociata alla ricerca del sacro Graal, praticamente introvabile. Internet ci ha dato la possibilità di ovviare questo fenomeno, portando alla nascita di strumenti capaci di abbattere questa barriera. Gli smartphone hanno rotto questo incantesimo con la creazione di sistemi operativi capaci di creare nuovi strumenti per portare alla luce qualcosa di ormai abbandonato, il lavoro virtuale. Instangram è uno dei figli della tecnologia che ci aiuta giorno dopo giorno a riemergere verso la luce. Spero che questa guida vi abbia aiutato a capire il funzionamento di questa App con un grande potenziale a cui attingere.